DIE EWIGKEIT
DES AUGENBLICKS

DIE EWIGKEIT DES AUGENBLICKS

Rüdiger Dingemann

BRUCKMANN

»Hör auf zu reden, hör auf zu denken,
und es gibt nichts mehr, was du nicht verstehst.
Kehre zur Wurzel zurück und du findest den Sinn.
Strebe zum Licht, und du verlierst seine Quelle ...
Du brauchst die Wahrheit nicht zu suchen –
hör einfach auf, Meinungen zu haben«.

Seng Ts'an (um 600 n. Chr.)

Ein paar Steine liegen scheinbar zufällig im Sand verteilt, umgeben von geharkten Furchen: Alles wirkt ruhig, sehr diszipliniert und klar geordnet. Verschiedene Muster sind zu erkennen: Linien symbolisieren Wege, Wellen einen Bach, Bögen eine Hügellandschaft und Kreise stehen für Wasser, das an einen Berg gespült wird. In dieser Ordnung liegt Klarheit und Kraft. Solch ein Garten spiegelt den menschlichen Geist im Idealzustand wider, denn im Akt des meditierenden Sandharkens gelangt die Seele wieder ins Gleichgewicht.

Satori oder Von der Versenkung in sich selbst

Zen-Buddhisten meditieren, indem sie ihre Gedanken ganz und gar auf eine einfache Arbeit richten, wie zum Beispiel bei der Gartenarbeit, aber auch bei einer Teezeremonie oder beim Tuschezeichnen. Diese Art des handelnden Meditierens beruhigt und lenkt ab von allerlei irdischen Übeln des Alltags und der Welt. Sie scheint außen vor zu bleiben und wir, die den Garten betrachten, sind doch mittendrin. Der Kopf wird frei, die Gedanken fließen, nichts scheint uns mehr zu beunruhigen, wir nehmen uns nicht mehr so ernst und lassen die Sorgen fahren dahin …

Es scheint so einfach zu sein wie in diesem Stück Garten. In der Betrachtung, die Dinge so zu nehmen, wie sie sind – ohne Gedanken, voller Konzentration gelangen wir zu Stille und Ruhe, in der wir zur Gelassen- und Einfachheit gelangen. Wir leben im Fluss einer träumerischen Zeit und überlassen uns dem natürlichen Lauf der Dinge …

So wie ein Zen-Garten in der Harmonie seiner Umgebung die Natur in einer Art Mikrokosmos darstellt und in seiner Betrachtung eine beruhigende Wirkung hat, so mögen auch die nachfolgenden

Bergpriester während des Neujahrsfestes am Haguro-Schrein.

Seiten in der Bild-Text-Anthologie den Leser inspirieren und in einen Zustand der meditativen Selbstversenkung führen, indem er nicht nur die Texte, sondern auch in den Bildern liest.
Zen bedeutet soviel wie Selbstversenkung bzw. Meditation. Es handelt sich dabei um eine jahrhundertealte buddhistische Meditationslehre, die vor knapp 1500 Jahren in China von dem indischen Mönch und Gelehrten Bodhidharma (japanisch Daruma) ersonnen wurde. Im 13. Jahrhundert kam der vom Taoismus beeinflusste Zen-Buddhismus nach Japan und bildete zur Zeit der Kamakura- (1192–1333) und Muromachishogunate (1338–1573) die geistigen Grundlagen des Kriegerstandes, der so genannten Samurai (Dienenden).

Die Samurai gingen aus dem bewaffneten Begleitpersonal des Adels hervor und waren seit dem 13. Jahrhundert Vasallen des Shogun oder der Lehnsfürsten (Daimyo). Sie zeichnete ein strenger Ehrenkodex aus; sie verfügten über eine eigene Gerichtsbarkeit und hatten das Recht, zwei Schwerter zu tragen. Im 17. Jahrhundert gehörten sie der obersten Klasse der Sozialordnung an.

Zen spielt im japanischen Leben eine herausragende Rolle; nicht nur als Methode der spirituellen Versenkung, sondern auch im Alltag und vor allem in der japanischen Kultur. Die vom Zen inspirierte Ästhetik beeinflusst(e) nicht nur die Landschaftsgärtnerei und die Kunst des Blumensteckens (Ikebana), die Kalligraphie und Tuschemalerei oder die Teezeremonie, sondern ebenso die Literatur (Haiku-Lyrik) wie das No-Theater und Sportarten wie das Bogenschießen (Kyudo) und Schwertfechten (Kendo).

All diese Tätigkeiten besitzen eine hohen Anspruch an Kunstfertigkeit, die nur durch eine strenge Selbstschulung des Übenden möglich wird. Über

In der Nähe des Bergortes Shiozawa breiten Textilarbeiterinnen Stoffbahnen zum Bleichen und Reinigen aus.

das Meditieren motiviert sich der Handelnde. Er diszipliniert sich, schöpft aus der Ruhe seine Kraft. Er nimmt eine kontrollierte Haltung ein, und sein Ziel ist die Erleuchtung (Satori), das Innewerden der Leere, Bekundung des absoluten Seins im menschlichen Handeln.
Im spirituellen Sinn des Zen geht es bei jeder Handlung und Ausübung einer Kunstfertigkeit um das Wesen bzw. die Essenz der Übung bzw. der Dinge. Dabei geht die gestalterische Meisterung wie zum Beispiel die Beherrschung der »kunstlosen Kunst« des Bogenschießens über die Technik hinaus und wird zum zentralen Punkt einer an Spiritualität ausgerichteten Lebenspraxis. Sie wird zur Kunst des Lebens selbst. Zen gehört zum täglichen Leben.

Dazu gehört auch, »neben der edlen Kunst Dinge zu verrichten, die edle Kunst Dinge unverrichtet zu lassen«, sagt Lin Yu-Tang. Und ein Zen-Lehrsatz lautet: »Höre auf, / daran zu denken / und darüber / zu sprechen und / es gibt nichts, was du / nicht wissen kannst.« Es ist der Kern dieser fernöstlichen Lehre, sich dem Nichts und der Leere zu stellen und sie zuzulassen.

Ist Zen eine Religion? Eine Religion des Buddhismus, doch ohne Buddha und Tempel, Reliquien und Priester. Der Zen-Meister Tung-Shan antwortete einmal auf die Frage, wer Buddha sei: »Drei Pfund Flachs«. Und ein anderer Meister, Yün-Men: »Der ausgewrungene Putzlappen«. Buddha selbst würde vielleicht über derartige Aussagen lächeln. Dabei ist die am Zen orientierte Meditation aus dem Buddhismus entstanden. Es ist die Religion der Stille.

Zen-Anhänger kennen keinen Gott, sie ringen ohne ihn um Klarheit und suchen die Erleuchtung, die Einsicht in das wahre Wesen der Dinge. Oder, um es mit Goethes Faust zu sagen, »was die Welt im innersten zusammenhält«, das ist des »Pudels Kern« und »es gibt nichts mehr, was du nicht verstehst« wie es Seng Ts'an sagt, der als Verfasser des ersten Zen-Lehrgedichts »Inschrift vom Vertrauen in den Geist« (japanisch Shinjinmei) gilt und Ende des 6. bzw. Anfang des 7. Jahrhunderts in China lebte. Sein Lehrgedicht gilt darüber hinaus als ein gelungenes Beispiel für die Verbindung von Buddhismus und Daoismus. Seine Verse umfassen bereits die gesamte Zen-Lehre und betonen die Nicht-Dualität. Seng Ts'an fordert dazu auf, Abneigung und Zuneigung zu vermeiden, Gegenwart und Vergangenheit wie die Zukunft nicht mehr voneinander zu unterscheiden.

Gebete, Kulthandlungen oder Textstudien, wie sie die großen monotheistischen Religionen kennen, sind für Anhänger des Zen nicht wichtig. Die eigentliche »religiöse Praxis« besteht in der Übung des kontemplativen Sitzens (Zazen). Zen-Schüler

Kinder beim Gion Matsuri Fest in Kyoto.

absolvieren dies unter der Anleitung eines Meisters (Roshi).

Um den Zustand der Erleuchtung beim Meditieren zu erlangen, nimmt man in traditioneller Weise die typische Körperhaltung des Lotussitzes ein und konzentriert sich bei kontrolliertem Atmen (»Ich atme ein, ich atme aus, atme ein, atme aus, ein, aus, ein, aus…«) auf das Zentrum der psychischen Energie, das im Unterleib (Hara) angesiedelt ist.

Während der Atemübungen beobachtet der Meditierende seinen Körper, der sich immer mehr entspannt, locker und leicht wird. Dabei entspannt sich auch der Geist, die Entspannung geht in Ruhe und Frieden über. In der Rinzaitradition konzentriert sich unter Anleitung seines Meisters der Zen-Schüler auf nicht lösbare Fragen (Koan), die ihm zum Nachdenken aufgegeben werden. Im Gedankenstrom und der sich aufdrängenden Gefühle, die nicht verdrängt werden sollen, tauchen die unterschiedlichsten Bilderwelten vor dem geistigen Auge auf. Als Meditierender mischt man sich in diesen Prozess nicht ein; man atmet bewusst und ruhig weiter, beobachtet weiter seine Gedanken und lässt sie vor allem zu. Eine Zen-Weisheit sagt: »Wenn sie unwichtig sind, laufen sie davon.« In meditativer Versenkung wird das logische Denken aufgelöst und in unmittelbare Wahrnehmung und Identifikation mit der Umgebung umgewandelt, um Erleuchtung zu ermöglichen.

In der harmonischen Beziehung zwischen Körper und Geist, der Wahrnehmung und den Gefühlen, bahnt sich der Meditierende einen Weg, sein wahres Wesen zu erkennen. In diesem Bewusstsein entwickeln sich Gefühle des Glücks, gütige Gelassenheit und ein Wissen der eigenen Stärke. Die Sicht auf die Welt hat sich verändert. Ziel ist es darüber hinaus, ein anderes »wahres« Leben ohne

Gräberstadt auf dem Berg Koya.

Ichbezogenheit, ein Leben in vollkommener Hingabe zu leben.

Im modernen Leben Europas sowie auch im japanischen Alltag mit Hektik und lärmender Geschäftigkeit begegnet uns eine erschreckende Sinnentleerung. In genormten Gesellschaften, in denen der Einzelne nur noch zu funktionieren hat, wenn er nicht aussortiert werden will, bieten Natur, buddhistische Tempel und ihre Schreine oder die faszinierenden japanischen Gartenanlagen mit ihren Steingärten Ruhe und Erholung. Über die Entspannung in der Betrachtung der Bilder führt auch ein Weg in die japanische Kulturgeschichte, ohne belastendes historisches Faktenwissen. Das Vergangene, die Geschichte manifestiert sich in den Pilgerstätten, Pilgerrouten und heiligen Orten. Nicht ohne Grund suchen immer mehr Westeuropäer in fernöstlichen Religionen Zuflucht. Wird ihnen doch hier eine etwas andere Art der Lebensphilosophie und -hilfe geboten als in der christlich-abendländischen Tradition. Zen verspricht auf sehr einfache Weise, den Stress des Alltags zu bewältigen und innere Ruhe zu finden.

So gibt es eine Ewigkeit des Augenblicks, wie auch der Titel dieses Bilderbogens lautet. Er beinhaltet den Zen-Grundsatz und die Aufforderung, im Augenblick zu leben. In diesem Grundsatz vereint sich auch der gesamte Spannungsbogen einer Japanreise, ob real oder wie hier in den Fotografien. Es ist in erster Linie eine Reise nach innen.

Zugleich bietet der Band auch eine fotografische Auswahl der schönsten japanischen Reiseziele. Es ist eine Bilderreise: Sie folgt den Spuren von Pilgern, u. a. zum Teil der »Wallfahrt der 88 Tempel« und vor allem auf die japanische Hauptinsel Honshu und die vorgelagerte Insel Shikoku. Die wichtigste Stätte des so genannten Shingon-Buddhismus liegt südlich von Osaka: die 123 Tempel auf dem Koya-san mit seinen zahlreichen Gräbern. Kaum jemand kann sich dem Zauber der alten Tempel entziehen, ebenso wenig der Pracht des glanzvollen Kaiserpalasts und -gartens im alten Kyoto.

Die den Bildern gegenübergestellten fernöstlichen Weisheiten, zen-buddhistischen Lehrsätze und Sprüche, philosophischen Zitate, Haikus und anderen japanischen Gedichte aus vielen Jahrhunderten versuchen, eine enge Beziehung zu Stimmungen in dem Dargestellten beim betrachtenden Leser zu wecken. Die ausgewählten kurzen Textpassagen werden zu Lebensweisheiten, die häufig die abendländische Gedankenwelt kontrastieren und doch auf überraschende Weise auch wieder ergänzen und entsprechen. Die Unterschiede sind sehr fein: Es lohnt sich, ihnen nachzuspüren.

Rüdiger Dingemann

Akteure beim jährlichen Gion Fest in Kyoto.

Im sanften Windhauch und Sonnenlichte
flüstern die Sommerbäume.

Sojo

Blick auf den Fuji-san im Fuji-Hakone-Izu-Nationalpark.

... Am Horizont der Kindheit
schwebt Wolke neben Wolke.

Ozaki Kihachi

Mädchen auf dem Shichi-go-san Fest.

Den wahren Weg zur Weisheit kann jeder gehen.

Frei nach Paul Coelho

Wanderer auf einem Weg durch Marschland in Nagano.

Ihr habt eine Vorstellung von dem, was ihr seid,
und ihr seid davon gefangen.

Shunryu Suzuki

Eine Schneeskulptur auf dem berühmten Schnee-Fest in Sapporo.

WENN IHR GENAU WISST, WAS ES ZU TUN GILT,
UND ES DANN TUT, DANN KÖNNT IHR EUCH SELBST GANZ
ZUM AUSDRUCK BRINGEN.

Shunryu Suzuki

Teeplantage zwischen Susaki und Matsujama.

高知
茶業試験場

Was ein hoher Tempel ist, merkt man bereits am Tor.

Japanische Spruchweisheit

Elefanten zieren den Giebel des Eingangs zum Tosho-gu-Schrein in Nikko.

Dieser starke Entschluss, dein Leben zu verwirklichen, ist jenseits von »Erfolg« oder »Versagen«. Jenseits jeden Gefühls der Furcht tust du es einfach.

Zen-Weisheit

In der Provinz Shizuoka hat die Tee-Ernte begonnen.

See und Himmel
fliessen blau ineinander;
so ist die Zeit,
die unsichtbare,
dahingegangen.

Takayasu Kuniyo

Der See Towada in herbstlicher Stimmung.

Der Kranich baut kein Nest auf einem abgestorbenen Baum.

Japanische Spruchweisheit

Der Lebensraum der Mandschurenkraniche ist bedroht.

Besser viel, statt wenig nehmen.

Japanische Spruchweisheit

Schaufensterauslage im exklusiven Ginza-Einkaufszentrum von Tokyo.

WIR VERSUCHEN VERZWEIFELT, GLÜCKLICH UND ZUFRIEDEN ZU SEIN, ABER SO RICHTIG SCHEINT UNS DAS NIE ZU GELINGEN.

Uchiyama Roshi

1700 T-Shirts flattern während eines Fests, das vom Kunstmuseum in Tsunahama veranstaltet wird, im Wind.

Auf mir wird auch bald
zum vollen Blühen kommen –
des Mooses Blüte.

Issa

Der Moosgarten Koke-dera in Kyoto gehört zum UNESCO-Weltkulturerbe.

Die Schlange glitt davon,
doch ihre Augen
blieben im Gras.

Kyoshi

Bambuszäune gehören zu den traditionellen architektonischen Gartenelementen.

Warum so einsam,
auch wenn wir sitzen zu zweien?
Hörst auch du auf dem See
den monotonen Ruf
eines Wasservogels?

Takayasu Kuniyo

Seerosenteich im Thermalbadeort Beppu.

Die Welt ist ohne Grund:
Über dem Kopf gibt es kein Dach
und unter den Füssen keine Erde.

Byung-Chul Han

Zerklüftete Felsenküste der Insel Sado. Durch die Kodo-Trommler wurde Sado international bekannt.

北の湖部屋

IM AUGENBLICK DES ZUSAMMENKOMMENS
BEGINNT DIE TRENNUNG.

Japanische Weisheit

Sumo-Ringer beim traditionellen Wasserverspritzen in Tokyo.

Die formen sind nicht dauerhaft.

Shunryu Suzuki

Moos überzieht die Steinskulpturen in der Gräberstadt in Nara.

Diese weissen Vögel!
Sie gleiten durch die Bläue des
Himmels!

Wakayama Bokusui

Weiße Tauben am Yasukuni-Schrein (Friedensschrein der Nation) in Tokyo.

Wohin du auch gehst,
geh mit deinem ganzen Herzen.

Konfuzius

Schaufenster mit traditionellen japanischen Schuhen im Stadtviertel Asakusa in Tokyo.

お好の花飾をお付けいたしま

Die Welt dreht sich bloss im Karma.

Kodo Sawaki

Traditionell gekleidete Frauen in Nara.

54 | 55

Das Streben verfehlt gerade den Weg.

Byung-Chul Han

Im Garten der kaiserlichen Villa in Kyoto.

Wie ein roter Strahl
führt ein einziger Weg
in die unendliche Weite.
Ich muss ihn gehen.
Und das ist mein Leben.

Saito Mokichi

Eine Gasse mit Hunderten von Torii führt zum Fushimi-Inari-Schrein in Kyoto.

都市右京区西京極豆田町二一九
宮崎市大字島之内六九七六
三重県上野市寺田四九〇ノ一
平成十六年六月吉日建之
平成七年十一月吉日建之
平成八年一月吉日建之
平成十一年五月吉日建之

Höre auf,
daran zu denken
und darüber
zu sprechen und
es gibt nichts, was du
nicht wissen kannst.

Zen-Lehrsatz

Ein Buddha-Stein auf der Pilgerroute Kumano Kodo.

Nur die Gegensätze
lehren einen
die Welt kennen:
Wer nicht
ums Dunkel weiss,
kann das Licht
nicht erkennen.

Japanische Weisheit

Meoto Iwa. Die »verheirateten« Felsen nahe der südöstlichen Küste von Futami.

Wenn die Tatsache vorliegt, sind Worte überflüssig.

Kodo Sawaki

Ausblick aus der kaiserlichen Villa in Kyoto.

Fürchte dich nicht vor
langsamen Veränderungen;
fürchte dich nur
vor dem Stillstand.

Japanisches Sprichwort

Shinkansen Bullet-Train vor dem Fudschijama.

MORITA
SAKE
盛田
ねのひ
ヤタガラス
白鷹
七笑
百万両
京仕込
キンシ正宗
黄桜
神鷹
男山
都鷹
日本盛
玉乃光
登録商標
今錦
イマニシキ
世界鷹
品質第一
白笹
酔富
金盃

Der Trinker kennt das Gift,
der Abstinenzler die Heilkraft des Weines nicht.

Japanische Spruchweisheit

Sakefässer (Reisweinfässer) im Engaku-ji-Tempel in Kamakura.

WAS IM TON
ÜBEREINSTIMMT,
SCHWINGT MITEINANDER.
WAS WAHLVERWANDT IST
IM INNERSTEN WESEN,
DAS SUCHT EINANDER.

I Ging

Der Ukimidou Tempel am Biwa-See.

Die Rede kann es nicht gestalten,
das Schweigen kann es nicht durchdringen.

Zen-Weisheit

Der Moosgarten Koke-dera in Kyoto.

… Wie gross auch meine Sorge ist,
wie tief ich auch leide
an der Menschenwelt,
ich kann nicht fliehen,
die Schwingen fehlen mir des Vogels.

Jamanoue Okura

Der Kimono gehört zur traditionellen japanischen Kleidung.

DIESEN WEG

GEHT NIEMAND

AN DIESEM HERBSTABEND

Matsuo Basho

Der Aufstieg zum Berg Haguro führt über 2446 Stufen, die mit japanischen Zedern gesäumt sind.

… Gibt es denn keinen Ort,
der mir Geborgenheit schenkt?
Sonne und Mond leuchten so hell.
Wollen sie denn für mich nicht mehr scheinen?

Jamanoue Okura

Gebetsstätte des Fushimi-Inari-Schreins in Kyoto.

Beim Reisessen denkt man nicht
an den pflügenden Ochsen,
beim Anziehen eines Kleides nicht an den Weber.

Japanische Weisheit

Große Shamuji (Reislöffel) im Hokoku Schrein auf Miyajima.

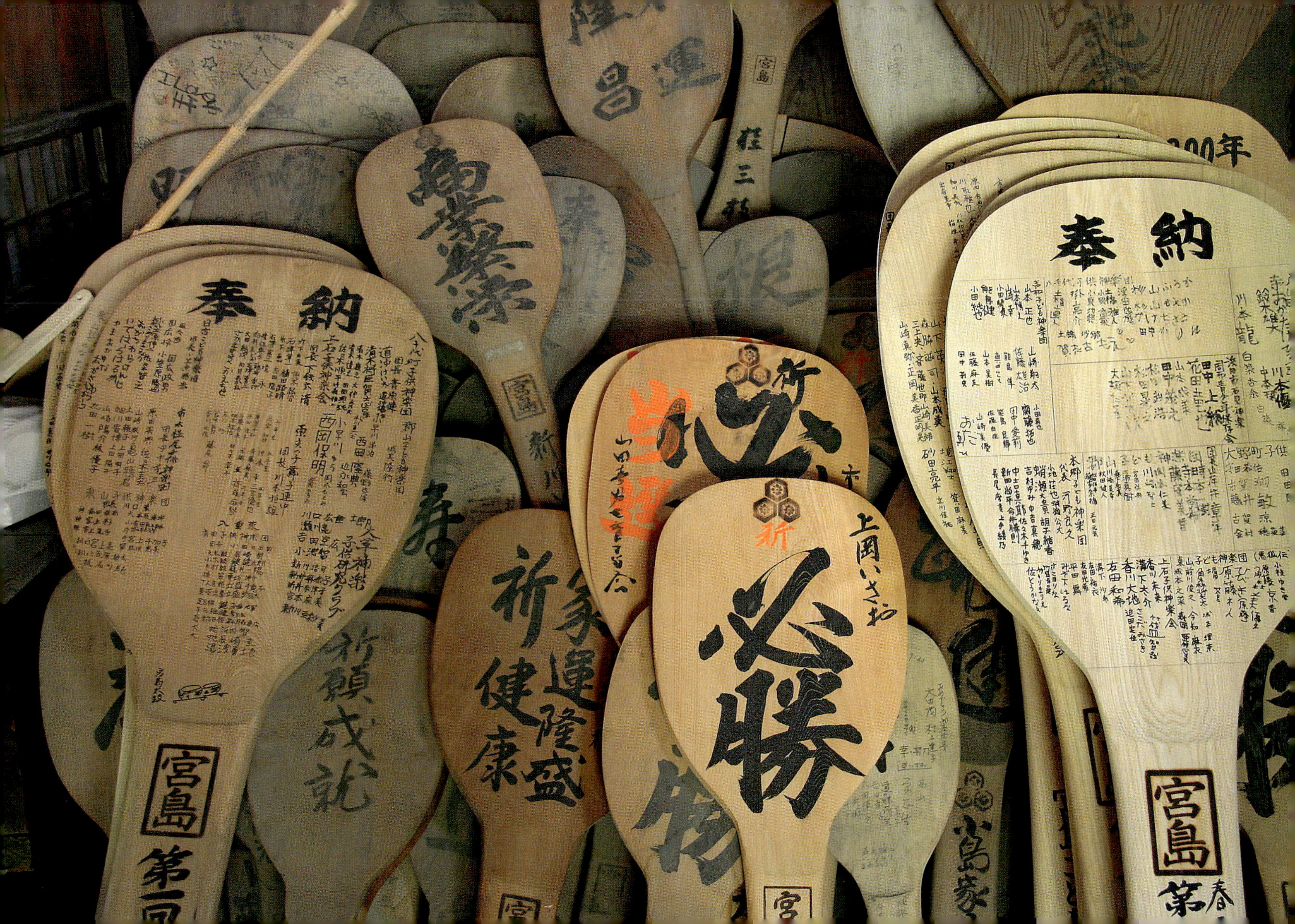

奉納
宮島
奉納
宮島
祈願成就
祈
家運隆盛
健康
上岡いさお
必勝

Der geglückte Tag ist der tiefe All-Tag,
der in sich ruht.

Byung-Chul Han

Blick über Teefelder zum höchsten Berg Japans, dem Fudschijama.

奉納

Der Zweifel ist der Schatten
eines Menschen im Dunkel.

Japanische Weisheit

Holzgeschnitzte Figur an einem Hindutempel in der Nähe Tokyos.

JEDER TAG IST EIN GUTER TAG.

Japanische Weisheit

In der Mitte von Arashiyama liegt die Togetsu-kyo, die elegante »Brücke zum Mond«.

WENN DU DIE GEFAHR DER WELT ERKENNST, GIBT ES FÜR DICH KEINE GEFAHR MEHR IN DER WELT.

Dogen Zenji

Buddha-Figuren im Hase-dera-Tempel in Kamakura.

Die Menschen in der Welt verstehen etwas
erst, wenn sie wissen, wofür es gut ist.
Und wohin hat uns das geführt?
Nirgendwohin.

Kodo Sawaki

Kulinarisches Neujahrs-Ritual in Tokyo an einem Shinto-Schrein.

Wer mag so still
im Nachbarhause leben?
Tiefer wird der Herbst mit jedem Tag.

Matsuo Basho

Ein historisches Bauernhaus mit herbstlichem Garten in Takayama.

Seit Tagen schwärmen Wolken
vom Licht besäumt.
Auch heute ziehen sie langsam dahin ...

Takayasu Kuniyo

Sumpfland von Kushiro im Norden Japans.

Den Wert des teuersten Falken kennt man erst,
wenn man ihn auf Beute losgelassen hat.

Japanische Lebensweisheit

Mit dem Falken auf der Jagd in den Bergen der Provinz Yamagata.

Der Tag, an dem man einen Entschluss fasst,
ist ein Glückstag.

Japanische Weisheit

Brunnen für rituelle Waschungen, Tsukabai.

Wenn die Ebene der See auch ohne Brandung ruht,
so hat sie ihre Flut doch und ihre Ebbe.
Auch in meinem Herzen , das ohne Wellen ist wie sie,
steigen und fallen die Gedanken morgens und abends.

Kambara Ariake

Blick auf den Fudschijama und Torii, Honshu.

Solange ihr nicht die Probleme akzeptiert, die ihr habt, die Position, in der ihr euch befindet, könnt ihr euch nicht annehmen, wie ihr seid.

Shunryu Suzuki

Ein Gefäß mit Räucherstäbchen als Opfergabe in Nara.

Auf der schimmernden Erde wächst Bambus,
wächst grüner Bambus.
Unter der Erde wachsen Bambuswurzeln.
Sie werden dünner und dünner.
An ihren Spitzen wachsen Flimmerhärchen
und sind zarte Schleier
und zittern leise.

Hagiwara Sakutaro

Blick in einen herbstlichen Bambuswald in Arashiyama bei Kyoto.

WIR HABEN UNS AN DAS LEBEN GEWÖHNT:
NUR DESHALB NENNEN WIR ES »NORMAL«.

Kodo Sawaki

Ein Gärtner schneidet einen Baum in der Gartenanlage der japanischen Burg Nijo in Kyoto.

Der Buddhaweg verfügt über Gräser und Bäume,
Steine und Ziegel, Wind und Regen, Feuer und
Wasser als seinen Leib und seine Seele.
Sich darin umzublicken und sie als den Buddhaweg
zu erkennen, bedeutet, den Geist zu wecken.

Shobogenzo Hotsumujoshin

Laternen am Kasuga-Schrein in Nara.

Nichts von dem, was wir hören oder sehen, ist vollkommen. Aber da, mitten in der Unvollkommenheit, ist die vollkommene Wirklichkeit.

Shunryu Suzuki

Die Schreine und Tempel von Nikko gehören seit 1999 zum UNESCO-Weltkulturerbe.

Die Spur des Erhabenen
bleibt auch jetzt noch
auf diesem Stein,
damit man sie sieht und seiner gedenkt,
damit man seiner noch lange gedenkt.

Alter unbekannter japanischer Dichter

Der Kiyomizu-dera-Tempel in Kyoto.

Es gibt keine guten
und bösen Menschen,
sondern nur Weise
und Toren.

Buddhistische Weisheit

Das Kaminarimon-Tor in Asakusa brannte 1865 nieder und wurde bis 1960 neu errichtet.

金龍山
雷門
仲見世
松下電器
仲見世

Auch ein Affe fällt mal vom Baum.

Japanisches Sprichwort

Schneeaffen in heißen Quellen in den Bergen der Provinz Nagano.

Die Leere ist das Offene, das eine gegenseitige Durchdringung zulässt. Sie stiftet Freundlichkeit.

Byung-Chul Han

Insel Kyushu.

Das Allerwichtigste ist, fähig zu sein, das Leben zu geniessen, ohne sich von den Dingen in die Irre führen zu lassen.

Shunryu Suzuki

Ein Garten in Nikko.

Nach dem Essen
einzuschlafen und ein Ochs zu werden
unter den Pfirsichblüten ...

Buson

Frauen beim Picknick auf Miyajima, Honshu.

So viele Wünsche und nur eine kleine Welt.

Japanische Weisheit

Kleine gefaltete Papierzettel hängen an einer Leine. Auf ihnen sind Wünsche an die Götter festgehalten.

Der Edelstein liegt dort, wo alle Augen sich hinwenden.

Japanische Weisheit

Schnee-Fest in Sapporo mit spektakulären Eis- und Schnee-Skulpturen.

Unsicher ist der Weg,
Wenn der Abend dämmert.
Warte doch, bis der Mond aufgeht!
Ich möchte dich so gern
in seinem Lichte sehen.

Oyakeme

Als Geishas kostümierte Mädchen auf dem alljährlichen Gion-Matsuri-Fest.

Über viele Berge bin ich gewandert
und durch viele Täler.
Wo mag das Land liegen,
in dem meine Sehnsucht gestillt wird?
Auch heute muss ich wandern.

Wakayama Bokusui

Dorf mit Teeplantage zwischen Susaki und Matsujama.

AUF DAS GLÜCK WARTEN
IST DASSELBE
WIE AUF DEN TOD WARTEN.

Zen-Sprichwort

Im Yasukuni Schrein in Tokyo wird der Japaner, die in Kriegen getötet wurden, gedacht.

献 長崎県 近藤利子
献 長崎県 金滝淙
燈 献 長崎県 金滝淙
燈 献 長崎県 金沢サイ
燈 献 長崎県 犬塚佐市
燈 献 長崎県 犬塚佐市
燈 献 長崎県 古賀芳一
燈 献 長崎県 広佐古チヨカ
燈 献 長崎県 広佐古チヨカ
燈 献 長崎県 広佐古チヨカ
燈 献 長崎県 弘中タツ子
燈 献 長崎県 坂口キミエ
燈 献 長崎県 三宅禎太郎
燈 献 長崎県 参テイ
燈 献 長崎県 山口ソ子
燈 献 長崎県 山口照男
燈 献 長崎県 山口照男
燈 献 長崎県 山田正子
燈 献 長崎県 山内アヤ子
燈 献 長崎県 住野キクエ
燈 献 長崎県 諸岡トヨ
燈 献 長崎県 諸岡美穂子
燈 献 長崎県 小林トク
燈 献 長崎県 森下嘉太夫
燈 献 長崎県 森下嘉太夫
燈 献 長崎県 杉原啓治
燈 献 長崎県 杉本フジエ
燈 献 長崎県 西山美義
燈 献 長崎県 西野千代子
燈 献 長崎県 斉藤千代雄
燈 献 長崎県 前田シズ
燈 献 長崎県 蔵敷満
燈 献 長崎県 中川ミドリ

DU DARFST NICHT ANDERE NACH DEINEM WEG FRAGEN.
DU MUSST ERST EINMAL ZU DIR SELBST ZURÜCKKEHREN.

Kodo Sawaki

Die Gasse Sannenzaka »drei Jahre abwärts« mit ihren vielen Stufen im historischen Bezirk von Kyoto.

清水焼
安田陶器店
明保野亭

Bis heute habe ich, der Untertan,
nicht umsonst gelebt,
denn es ist mir vergönnt zu sehen,
wie Himmel und Erde ihre Herrlichkeit haben
unter der Herrschaft seiner Majestät.

Ama No Inukai Okamaro

Ein langer Flur im königlichen Palast in Tokyo.

自家有機栽培
野菜のおつけも
一袋二百円
六袋千円

GENIESSE DAS LEBEN, ES IST SPÄTER, ALS DU DENKST.

Fernöstliches Sprichwort

Morgenmarkt in dem alten Fischerstädtchen Wajima, Chubu.

So viele Dinge
ruft ins Gedächtnis mir
die Kirschenblüte.

Matsuo Basho

Ein mit blühenden Kirschbäumen gesäumter Weg.

尾

Wie unerträglich,
allein zu sein!
Und wie schwer,
mit den Menschen zu leben!
Ich wusste es schon als Kind.

Takayasu Kuniyo

Sumo-Ringer. Während eines Turniers finden mehrere hundert Kämpfe statt.

… ES GEHT BLOSS DARUM, EHRLICH, MIT OFFENEM GEIST, DAS ZU AKZEPTIEREN, WAS IHR TUT.

Shunryu Suzuki

Der Koraku-en-Garten ist einer der »berühmten drei Gärten« Japans. Um 1700 wurde er vollendet.

EINS IST ALLES, ALLES IST EINS.

Kodo Sawaki

Votivtäfelchen und gefaltete Kraniche am Fushimi-Schrein in Kyoto.

… JEDER TRÄGT SEINE EIGENE, GANZ PERSÖNLICHE WELT IN SICH SELBST.

Kodo Sawaki

Junge Mädchen beim alljährlichen Gion-Matsuri-Fest in Kyoto.

40

Wo viel Verkehr ist, wächst nichts.

Japanische Weisheit

Torii am Heian-Schrein in Kyoto.

Der Wind des Herbstes:
das Ziel der Lebensreise,
das Unbekannte.

Shiki

Denkmalgeschütztes Gassho-Haus in der Shirakawa-go Region.

皇居清
掃奉仕

Manche machen ein Gesicht, als ob das alles mit ihnen nicht das geringste zu tun hätte.

Kodo Sawaki

Anhänger des japanischen Kaiserhauses haben sich zur Feier des Geburtstags des Tenno vor dem Kaiserpalast versammelt.

Meine Klage strömt über das Kissen,
meine Sorge weint auf das Linnen.
Wenn am Morgen die Vögel erwachen
schwimmt mein Bett auf einem Meer von Tränen.

Shimazaki Toson

Brennende Laternen in Hiroshima zum Gedenken an den Atombombenabwurf.

とうろう流し

Unter dem Sommermond
Besuchen sie die Gräber und
Geniessen die Kühle.

Issa

Auf dem Friedhof des Koya-san liegen mehr als 200 000, teilweise bis zu 800 Jahre alte Gräber.

Sobald man schreiben kann,
fangen die Sorgen an.

Japanische Spruchweisheit

Speisekarte an einem Teehaus am Eingang zum Moosgarten Koke-dera.

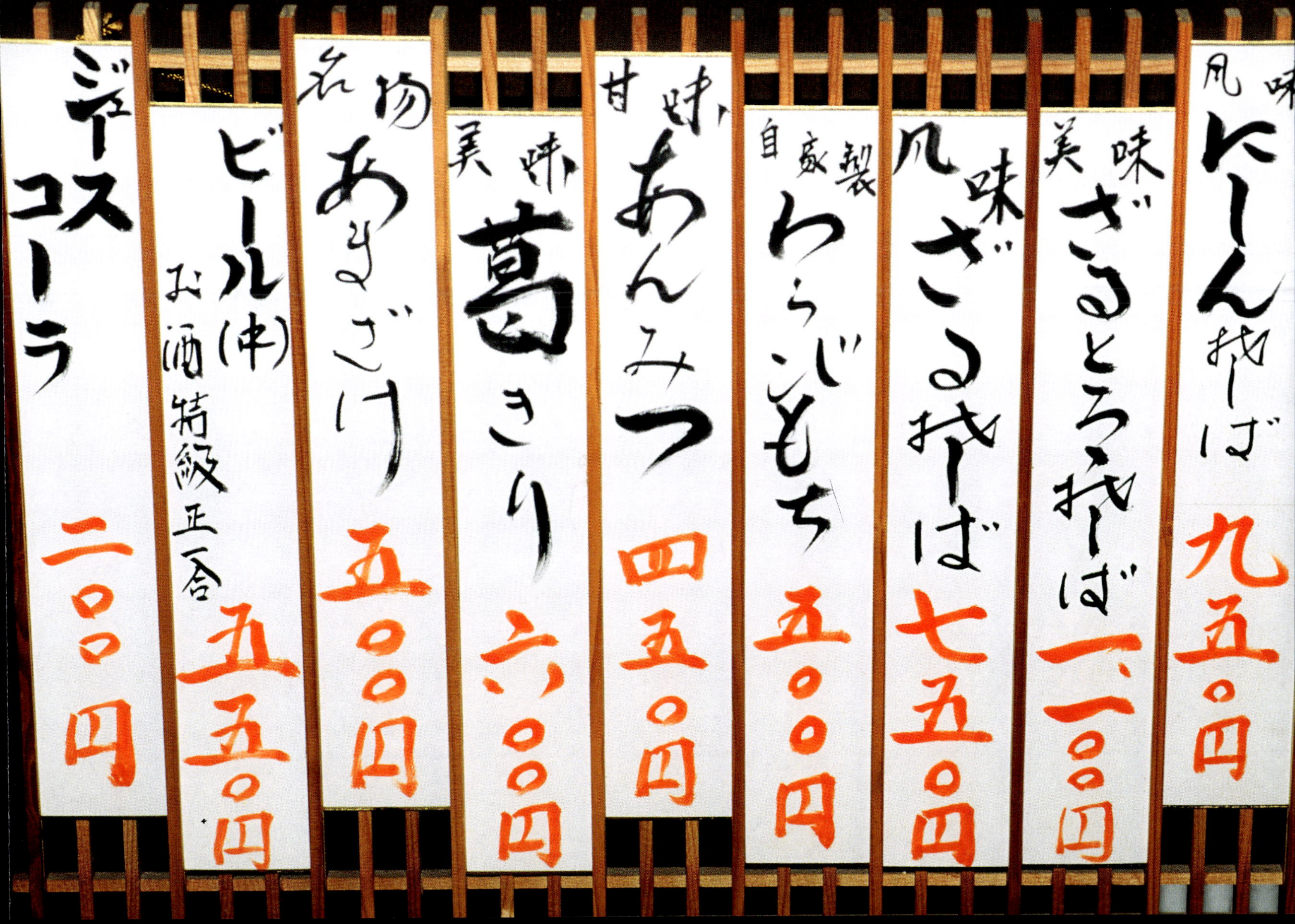
風味 にしんそば
九五〇円
美味 ざるとろそば
一、一〇〇円
風味 ざるそば
七五〇円
自家製 わらびもち
五〇〇円
甘味 あんみつ
四五〇円
美味 葛きり
六〇〇円
名物 あまざけ
五〇〇円
ビール(中)
お酒特級正一合
五五〇円
ジュース
コーラ
二〇〇円

Am ruhigen Fluss
ist das Ufer
voller Blumen.

Fernöstliches Sprichwort

In Yanagawa können Besucher in Gondeln an alten Samurai-Villen und Speicherhäusern vorbeigleiten.

DIE MENSCHEN HALTEN SICH NUR SO BESCHÄFTIGT,
UM DER LANGEWEILE ZU ENTGEHEN.

Kodo Sawaki

Im Westen von Koya-san liegen die schönsten und heiligsten Tempel. Kongobuji ist der Haupttempel.

Was fern ist, wird jeden Tag fremder.

Japanische Weisheit

Japanische Souvenirs in einem Laden bei der Burg Matsumoto.

木曽御嶽山
木曽十一宿
中山道木曽路
上高地
山峯額
¥6,510
手まり
キーホルダー
¥420
松本
手まり
¥480
¥2,625
¥1,575

WENN WIR NICHT GANZ
WIR SELBST SIND,
WAHRHAFT IM
GEGENWÄRTIGEN
AUGENBLICK,
VERPASSEN WIR ALLES.

Thich Nhat Hanh

Geisha Schülerinnen in einem traditionellen japanischen Garten.

Der einzige Weg ist, euch eures Lebens zu freuen.

Shunryu Suzuki

Der Koraku-en-Garten in Okayama wurde im 17. Jahrhundert angelegt.

EIN WUNDERVOLLER MOND IST AUFGEGANGEN.
WIE HELL ES AUF ERDEN IST!

Angelus Hagiwara Sakutaro

Die Burg Shirasagi-jo (Burg des weißen Reihers) in Himeji ist die großartigste der zwölf Feudalburgen Japans.

BELASSE ALLE DINGE, DIE DIR BEGEGNEN IN
IHREM EIGENEN WESEN,
DANN WERDEN SIE, DURCH DICH AUS SICH
SELBST HERAUS BEFREIT.

Buddhistische Weisheit

Pampasgras wiegt sich im Wind in der Nähe von Hakone.

WIR WURDEN GEBOREN, OHNE ZU DENKEN.

Kodo Sawaki

Steingarten mit Wasserspiel im Ryoan-ji-Tempel, Kyoto.

神楽殿

Ob auch einer hundert Lieder
zwecklos in die Lüfte sendet,
besser ist ein Wort der Lehre,
das dem Hörer Frieden spendet.

Buddhistische Weisheit

Hochzeitszeremonie am Meiji-Schrein in Tokyo.

Leere ist der Garten, in dem man überhaupt nichts sehen kann. Sie ist tatsächlich die Mutter von allem, das, woraus alles entsteht.

Shunryu Suzuki

15 scheinbar zufällig platzierte Steine stehen im Zen Garten des Ryoan-ji-Tempels.

WOHIN ICH AUCH GEHE, TREFFE ICH MICH SELBST.

Tozan

Ein am Waldrand gelegenes Dorf bei Nagano.

In der Stille des Abends
möchte ich träumen,
für eine Weile
den Sorgen entfliehen.

Shimazaki Toson

Traditionelles Haus mit Blick auf den Fuji-san, Honshu.

EIN LEBEN BLEIBT EIN LEBEN,
OB MAN ES NUN LACHEND
ODER WEINEND VERBRINGT.

Japanisches Sprichwort

Der Zenko-ji-Tempel in Nagano birgt Japans ältestes Buddha-Bildnis.

Manche schlagen mit dem Geldbeutel des andern an die Glocke.

Japanische Weisheit

Ein Hotel am Ashi-See in der Fuji-Region, einer beliebten Ausflugsregion.

Suche deine
eigene Weisheit
in dir selbst

Padmasambhawa

Eine Pilgerin am Großen Shinto Schrein des Dorfes Hongu.

In diesen Tagen
glühen die Bäume
in immer dunklerem Grün.
Nun nehme ich das Leben
wie es ist.

Takayasu Kuniyo

Der Teichgarten am Heian-Schrein in Kyoto ist berühmt für seine Iris und eine chinesische Brücke.

Die höchste Stufe der Erleuchtung im Zen-Buddhismus ist das Vergessen der Erleuchtung …

Zen-Buddhistischer Lehrsatz

Leuchtturm auf der Insel Ishigaki.

Kennst Du die Freude, etwas Gutes zu essen?
Mein Dank dafür ist unsagbar.

Senke Motomaro

Verschiedene japanische Speisen in der Auslage eines Restaurants.

野菜
サラダ400
ポテト
ウィンナー
580
冷めん
セット980
セットは
生ビール
又は
酒(一合)
枝豆
冷奴
付
なす
田楽
420
たこす
530
だし巻
630

天満宮
知恵学問 商才
厄除けの神様
錦天満宮
(錦天神)
授与
錦天満宮
錦天満宮

RELIGION BEDEUTET, DAS EIGENE LEBEN VÖLLIG FRISCH UND NEU ZU LEBEN, OHNE SICH VON IRGENDETWAS AN DER LEINE HERUMFÜHREN ZU LASSEN.

Kodo Sawaki

Ein Tempel in der Einkaufspassage von Kyoto ist hell erleuchtet.

Das Handeln, nicht das Denken zählt.

Fernöstliche Weisheit

Ein Fischer bei Reparaturarbeiten im Hafen von Shirahama.

JEDE SUCHE NACH EINEM EXTRAORDINÄREN DORT
LÄSST EINEN VOM WEG ABKOMMEN.

Byung-Chul Han

Steinlaternen im Park des Kasuga-Schreins in Nara.

CHANCEN
MULTIPLIZIEREN SICH,
WENN MAN SIE
ERGREIFT.

Sun Tzu

Traditionelle Kleidung bei einem Festumzug.

Die Zeit deines Lebens nicht zu verschwenden heisst, zur rechten Zeit am rechten Ort zu sein. Das bedeutet, diesen einen Augenblick nicht zu verfehlen.

Kodo Sawaki

Bootsfahrt auf dem Mogami Fluss.

Es gibt Typen, die finden ihr
ganzes Leben lang nicht zu
ihrem eigenen Lebensweg.

Kodo Sawaki

Eine traditionelle Frisur wird heute nur noch zu offiziellen Anlässen getragen.

Ich arbeite und arbeite.
Und dennoch
komme ich nicht voran.
Ratlos starre ich
auf meine Hand.

Ishikawa Takuboku

Kendo-Wettkämpfer in Miyazaki auf der Insel Kyushu.

宮 崎 神
地

Bis zur Hüfte in der Flut
waten wir die Küste entlang,
hin und her,
wie die Algen in der See.

Prinz Yamato-Takeru

Bei dem Fest Ohara Hadaka tragen Japanische Fischer Schreine bis ins Meer.

Lass Vergangenes nicht Dein Leben diktieren;
doch nutze es als Ratgeber für deine Zukunft.

Fernöstliches Sprichwort

Laternen erleuchten den Yasukuni-Schrein in Tokyo.

Es genügt nicht
zum Fluss zu kommen
mit dem Wunsch
Fische zu fangen,
man muss auch das
Netz mitbringen.

Fernöstliche Weisheit

Angler am Biwa-See.

Der den Weg suchende Geist geht über die dualistische Vorstellung von Gut und Schlecht, Richtig oder Falsch hinaus.

Shunryu Suzuki

Der Garten des Ryoan-ji-Tempels in Kyoto.

慰霊
R. A
DANCE
GIRLS

Die Buddhalehre lehrt Grenzenlosigkeit.
Was nicht ausgelotet werden kann, müssen
wir ohne Murren akzeptieren.

Kodo Sawaki

Japanische Mönche und ein kleines Mädchen beten vor einer Gedenktafel im Hiroshima Friedenspark.

Tadle nicht
den Fluss,
wenn Du ins
Wasser fällst!

Fernöstliches Sprichwort

Am schönsten sind die Kanäle von Yanagawa im Frühling.

WENN IHR DIE GEBOTE BEFOLGT, OHNE ZU VERSUCHEN, DIE GEBOTE ZU BEFOLGEN, IST DAS DAS WAHRE BEFOLGEN DER GEBOTE.

Shunryu Suzuki

Der Koraku-en-Garten in Okayama mit kunstvoller Gartenarchitektur.

Weisse Wogenkämme,
von Gischt umstoben,
drängen sich und jagen heran.
Doch kaum bis zum Föhrenwald
Dringt ihr Getöse.

Takayasu Kuniyo

Die Shinkyo-Brücke überspannt den Fluss Daiya in der Stadt Nikko.

Grosse Geistesruhe bezeichnet
die Wechselwirkung von ruhigem und
unruhigem Geist.

Kodo Sawaki

Mönche des Fujinomori-Schreines spielen Fußball. Sie versuchen den Ball möglichst ohne Bodenberührung zu spielen.

Das Wasser ist … der Weisen Körper und Geist.

Byung-Chul Han

Der Himmel spiegelt sich im Towada-See, einem reizvollen Calderasee.

Alle Beschreibungen der Wirlichkeit sind begrenzte Ausdrucksformen der Welt der Leere. Und doch halten wir an den Beschreibungen fest und halten sie für die Wirklichkeit. Das ist ein Fehler.

Shunryu Suzuki

Die Buddha-Statue des Sanzen-in-Tempels wird von kunstvoll geschnittenen Büschen umrahmt.

Wer neu anfangen will,
soll es sofort tun,
denn eine überwundene
Schwierigkeit
vermeidet hundert neue.

Fernöstliche Weisheit

Die Tempelanlage Horyu-ji in Nara wird als Wiege des japanischen Buddhismus angesehen.

Tag um Tag ist guter Tag

Wir müssen stets achtsam auf die Stelle schauen, auf die unsere füsse treten und dürfen uns nicht in die ferne verlieren.

Zen-Worte

Der Weg führt zur Goldenen Halle des Chuson-ji Tempels in Hiraizumi.

In Haguro bläst ein Bergpriester in sein Horn.

Obwohl kein Buddha,
steht doch so selbstvergessen
die alte Kiefer

Issa

Nebel steigen in Beppu aus den heißen Quellen empor.

Lass dich nicht von der Aufregung um dich herum selbst in Aufregung versetzen.
Lass dir nicht von der Atmosphäre den Kopf verdrehen.

Kodo Sawaki

Traditionell gekleidete Tänzerinnen beim jährlichen Frühlingsfest am Yasukuni Schrein in Tokyo.

So klar der Sturzbach
und in die Wellen streut sich
das Grün der Nadeln.

Matsuo Basho

Wasserfall in der Takachiho-Schlucht im Südwesten Japans.

Immer ist Buddha bei uns,
aber immer unsichtbar.
Nur manchmal, wenn der Tag beginnt,
erscheint er uns leise wie im Traum.

Ryojin Hisho

Kleine Besucher vor dem Todai-ji-Tempel in Nara.

Die Blumen öffnen sich
wie die Jahreszeiten
es wollen.

Lieder der Grenzwächter

Rote Amaryllis blühen entlang der Reis-Terrassen über der Stadt Nara.

DANN KOMMT DIE ZEIT DER STILLSTEN STILLE.
AN EINEM SOLCHEN TAG WIRD DER WINTER SCHEIDEN.

Kambara Ariake

Der um 1622 erbaute Palast von Hikone präsentiert sich im winterlichen Kleid.

Wenn wir überhaupt nichts erwarten,
dann können wir wir selbst sein.
Das ist unsere Weise, voll und ganz in jedem
Augenblick der Zeit zu leben.

Shunryu Suzuki

Meditierender Mönch im Zen-Garten Daisen-in Tempels.

Der Teufel im Herzen quält den Leib.

Japanische Spruchweisheit

Steinfigur am Zenko-ji Tempel in Nagano. Der Tempel zieht jährlich eine Million Pilger an.

WENN IHR NICHT HIER UND JETZT GLÜCKLICH SEID,
WERDET IHR ES NIE SEIN.

Taisen Deshimaru

Blick durch die Stämme in einem Bambuswald bei Arashiyama.

Religion ist kein Gedanke. Sie ist Praxis.

Kodo Sawaki

Zeremonie bei einem Shinto-Fest auf Miyajima.

In den Müssiggang
des heutigen Morgens
tönt das Horn eines Dampfers
und verweht.
Mein Herz bebt.

Takayasu Kuniyo

Der Akan-See mit dem Berg O-Akan im Hintergrund.

Wo Menschen trauern, trauere mit.
Wo Menschen sich freuen, freue dich mit.

Japanische Spruchweisheit

Ein Strick aus Reisstroh, Zickzack-Papier und Bastfäden zieren den Eingang zum Fushimi-Inari-Schrein.

Verschwende keinen Gedanken an früher oder später, sei frei in der Mitte dieses Augenblicks!

Kodo Sawaki

Ein Ryokan, ein traditionelles Gasthaus, am Kamo-Fluss in Kyoto.

Wenn ich zurückdenke
an meine Kindheit,
ist mir, als sei sie nicht
auf dieser Erde geschehen.
Es schneit immerzu vor meinen
Augen.

Saito Mokichi

Ein kleiner Junge betrachtet Eis-Pinguine auf dem Schnee-Fest in Sapporo.

MACH DICH AUF, MACH DICH AUF DEN WEG,
ABER LASS DEN WEG WEG SEIN.

Zhuangzi

Wanderer auf dem Weg zum Berg Asahi im Norden der Insel Hokkaido.

Ganz gleich,
wie beschwerlich das Gestern war,
stets kannst du im Heute von
Neuem beginnen.

Buddhistische Weisheit

Vergiss einfach alles, was du seit deiner
Geburt aufgeschnappt hast.

Kodo Sawaki

Laternen erhellen die Straßen während des Gion-Matsuri-Festes.
Ein kleines Mädchen auf dem Gion-Matsuri-Fest.

大丸
トミオー

Je höher der Baum,
desto neidischer
der Wind.

Japanisches Sprichwort

Der von Zedernbäumen gesäumte Weg zum Togakushi-Schrein.

Wenn Hunger kommt, esse ich Reis,
wenn Schlaf kommt, schliesse ich die Augen.
Dummköpfe lachen über mich,
aber der Weise versteht.

Zen-Weisheit

Eine Japanerin bei der Reisernte in Ohara.

Die Erleuchtung ist ein
Erwachen zum Alltäglichen.

Byung-Chul Han

Eine Teeplantage auf der Insel Honshu.

香車

Religion taugt nichts, wenn sie in Begriffen erstarrt.

Kodo Sawaki

Shinto-Tempel, Nikko.

Mögen alle Wesen glücklich,
gesund und frei von Leiden sein.

Jusan Kainen

Fütterung der Mandschurenkraniche auf Hokkaido.

Nie vergesse ich die Insel,
auf der die Enten wohnen,
die Vögel der freien See.

Prinz Hoori

Das 160 Meter vom Ufer entfernt im Wasser stehende Torii vor der heiligen Insel Miyajima im Morgenlicht.

Wenn man
lange genug wartet,
wird das
schönste Wetter.

Japanische Weisheit

Ein Bonsai-Gärtner betrachtet seine Pflanzen.

Wo die Angst ist,

da ist der Weg.

Japanische Weisheit

Das historische Gion-Viertel in Kyoto.

乙友
萬樹

DIE BUDDHALEHRE LIEGT NICHT FERN VON UNS, …
SIE BEDEUTET, KLAR ÜBER SICH SELBST ZU WERDEN.

Kodo Sawaki

Der Shin-Yakushi-ji-Tempel in Nara ist ein Geschenk der Kaiserin Komyo an die Götter.

FORM IST LEERE, LEERE IST FORM.

Kodo Sawaki

Innenräume des Zen-Klosters in der Tempelanlage Daitoku-ji, Kyoto.

Ich sah, wie sich eine Schlange
an einem Baum empor wand:
das einsamste Bild der Welt.
Will sie denn den Himmel erreichen?

Muro Saisei

Take-Kirie, traditionelle Bambus-Schneidezeremonie. Der Bambus symbolisiert eine große Schlange.

近江座

… Im Feuersturm jenseits des Flusses
schreit das Entsetzen …

Hara Tamiki

Der Atombomben-Dom, Mahnmal der zerbombten Stadt, in Hiroshima.

VERTRAU NICHT AUFS HOROSKOP:
WIE WIR UNSER LEBEN ZU LEBEN
HABEN, STEHT NICHT FEST.

Kodo Sawaki

Tsuragaoka Horoskopzettelchen hängen in Kamakura in langen Reihen aus.

Wenn ich vor die Tür trete,
bin auch ich ein Wanderer
in der Abenddämmerung des Herbstes.

Anonymus

Das Shoso-in auf dem Gelände des Todai-ji, errichtet in traditioneller Holzblockbauweise.

Was wir unser Bewusstsein von uns selbst nennen, ist nichts als persönliche Gedanken.

Kodo Sawaki

Mönch am Kasuga-Schrein in Nara.

Ob ich mich einzig
damit trösten soll,
dass mich das Säuseln des Windes
beim Erwachen
so tief berührt?

Takayasu Kuniyo

Kinkaku-ji, der Goldene Pavillon spiegelt seine Farben im Wasser.

Der Grosse Buddha
Ist ohne jedes Mitleid:
Oh, diese Kühle!

Shiki

Der Große Buddha (Daibutsu) ist Kamakuras Hauptattraktion. Er zählt zu den größten Bronzestatuen der Welt.

IN DEN WÄNDEN SIND OHREN,
IN DEN FENSTERN AUGEN.

Japanische Weisheit

Bronzene Laternen vor den Galerien des Kasuga-Schreins in Nara.

Statt die Dinge zu respektieren, möchten wir sie zu unseren eigenen Zwecken benutzen, und wenn es schwierig ist, sie zu benutzen, dann möchten wir sie uns unterwerfen.

Shunryu Suzuki

Die Gräberstadt auf dem Berg Koya in Nara gehört zu den eindrucksvollsten Friedhöfen Japans.

Sich in das vollkommen unverbogene
und unbeirrbare Selbst zu vertiefen
bedeutet, den Buddhaweg zu gehen.

Kodo Sawaki

Shinto-Priester verbeugen sich während einer Zeremonie am Meiji-Schrein in Tokyo.

Mögen alle Wesen in Frieden und Harmonie leben.

Jusan Kainen

Wasserschildkröten im Zen-Garten des Zenko-ji-Tempels in Nagano.

Lasst die Dinge wirken, wie sie es tun …

Shunryu Suzuki

Tempelanlage in Kamakura. Kamakura war von 1185 bis 1333 Japans Hauptstadt.

Ein warmes Bad,
ein Gebet zu Buddha –
ein Kirschblütenzweig.

Issa

Japanische Frauen vor einem Thermalbad in Beppu. Jährlich kommen 12 Millionen Besucher nach Beppu.

16-23
郵
POS

Ein Priester,
vier, fünf Gläubige – die Kälte
der Nacht.

Shiki

Religiöse Zeremonie im Zojo-ji-Tempel in Tokyo.

聖観世音

Religion bedeutet nicht, die Welt um dich herum umzugestalten. Es bedeutet, deine Augen, deine Ohren, deine Sichtweise und deinen Kopf umzugestalten.

Kodo Sawaki

Tempel im Garten des Engaku-ji-Schreins in Kamakura.

Es fliesst alles. Die Dinge gehen ineinander über, vermischen sich.

Byong-Chul Han

Verzauberte Landschaft im winterlichen Arashiyama.

SHIKANTAZA:
VOLL UND GANZ IN JEDEM
AUGENBLICK LEBEN.

Shunryu Suzuki

Der Steingarten am Ryoan-ji-Tempel stammt aus dem 15. Jahrhundert.

Mensch, willst du weise sein,
willst Gott und dich erkennen,
so musst du vorher in dir
die Welt-Begier verbrennen.

Anonymus

Von vielen Pfeilern gestützt: Terasse der Haupthalle des Kiyomizu-dera-Tempel in Kyoto, »Tempel des Reinen Wassers« aus dem 8. Jahrhundert.

SICH FÜR RANG UND NAMEN ZU BEGEISTERN BEDEUTET, SICH FÜR DAS ZU BEGEISTERN, FÜR DAS SICH AUCH ALLE ANDEREN BEGEISTERN.

Kodo Sawaki

Sumo-Ringer bei einer Zeremonie am Meiji-Schrein in Tokyo.

Ein Menschenherz ist nicht aus Stein
und nicht aus Holz.

Japanische Spruchweisheit

Auf Holztafeln verewigte Wünsche am Kamakura-Tempel.

高崎女子高校に
うかれますように。
2003.10.25
KANA
たかしとあゆが
ずっと仲良しで一緒に
いられますように!!
デビューもするぞ!!
中山 なつみ
中学行っても友達と
仲よくできますように。
高校が受かり
ますように。
H.15.10.17 齊藤
二人の子供ができますように
家内安全

スピードく

WAHRE ERLEUCHTUNG IST IMMER BEI DIR,
ALSO BRAUCHST DU NICHT AN IHR FESTZUHALTEN UND
NICHT EINMAL AN SIE ZU DENKEN.

Shunryu Suzuki

Laternen erleuchten den Markt in Hanno, Kanto.

Ach, wie gern würde ich fortwandern
ohne heimzukehren!
Eine weisse Wolke löst sich auf
im Blau des Morgens,
spurlos.

Takayasu Kuniyo

Ein Holzbohlen-Weg führt durch das Feuchtgebiet von Hinoemata.

Mit dem Ort wechseln die Dinge.

Japanische Spruchweisheit

Bauernhäuser in Shirakawa-go, gebaut im traditionellen Gassho-Stil aus Holz und Stroh.

Ob du eilst
oder langsam gehst,
der Weg vor dir
bleibt derselbe.

Fernöstliche Weisheit

Pilgerinnen auf dem Weg zum Chikurin-ji Tempel auf der Insel Shikoku.

Am Grund die Steine,
sie scheinen sich zu rühren
im klaren Wasser.

Soseki

Die fünfbogige »Brokatschärpen-Brücke überspannt den Fluss Nishiki in Iwakuni.

Wie schnell und reissend
Stürzt sich der Wasserfall dort
Ins grüne Dickicht.

Shiro

Die Sounkyo-Schlucht mit den Wasserfälle Ry-usei und Ginga erkundet man am besten per Rad oder zu Fuß.

Den Buddhismus studieren

heisst sich selbst studieren.

Dogen Zenji

Auf die chinesische Herkunft des Sofuku-ji-Tempels in Nagasaki verweist das Eingangstor.

第一峰
寛永廿一年甲申九月吉旦
崇福禪寺
長崎譯士林仁兵衛尉敬立

Du tust alles, wofür die Leute dich loben.
Du läufst denen nach, die gelobt werden.
Nie bist du du selbst.

Kodo Sawaki

Frauen am Higashi-Hongan-ji, dem größten Holztempel in Kyoto.

Oh, diese Stille:
Im See am Grund des Wassers
Die Haufenwolken!

Issa

Garten am Heian-Schrein in Kyoto.

346 | 347

ZUFRIEDENHEIT BEDEUTET AUFZUHÖREN, NACH IHR ZU JAGEN.

Kodo Sawaki

Japanische Mönche beim traditionellen Spiel Kemari.

DIE MEISTEN LEBEN NICHT AUS EIGENER KRAFT.
SIE LASSEN SICH VOM SYSTEM FÜTTERN.

Zen-Weisheit

Blick auf ein zum Kaiserlichen Palast in Tokyo gehörendes Gebäude.

Die Glut der Holzkohle
erlischt in der Asche,
die Tränen verzischen.

Matsuo Basho

Schwimmende Laternen auf dem Motoyasu-Fluss zum Gedenken an die Atombomben-Opfer von Hiroshima.

PEACE

Im Feld der Leere befreien sich die Dinge aus der Isolierzelle der Identität in eine All-Einheit, in die Freiheit und Ungezwungenheit einer wechselseitigen Durchdringung.

Byun-Chul Han

Der 2290 Meter hohe Berg Asahi spiegelt sich im Wasser.

Ein religiöses Leben zu führen bedeutet,
genau über sich selbst zu reflektieren und
sich selbst zu zensieren.

Kodo Sawaki

Im Chion-in-Tempel nahe Kyoto proben Mönche das alljährliche Läuten der großen Tempelglocke zum Jahreswechsel.

Wo immer ihr seid, da ist Erleuchtung.
Wenn ihr dort, wo ihr seid, aufrecht steht,
ist das Erleuchtung.

Shunryu Suzuki

Eine dicke Schneedecke liegt auf den strohgedeckten Dächern der denkmalgeschützten Bauernhäuser in Shirakawa-go.

Besser nicht genug als zuviel.

Japanische Spruchweisheit

Ein Geschäft im Gion-Viertel in Kyoto.

壱銭洋食
神田
杉浦
七転八起
池上
よし子
一陽来福
中村屋
渋谷
高橋
酉の市
合格
川瀬酒販
お金も 女も もう！ いらぬ 木原
宿題 へらせ!! 木森先生へ 四年和子

長崎新地中華街

Wer andere erkennt, ist gelehrt.
Wer sich selbst erkennt, ist weise.

Fernöstliche Weisheit

Eingang zur Chinatown in Nagasaki.

Es beginnt damit, dass wir »Ich« sagen:
Alles, was danach kommt, ist Illusion.

Kodo Sawaki

Tee-Zeremonie im Gokoku-ji-Tempel.

Wir sagen nur dann, dass es uns gut geht, wenn die Dinge alle so laufen, wie wir es uns vorstellen.

Zen-Weisheit

Besucher am Hasedera-Tempel in Nara.

金子
成田

Willst du wissen, woher die Blumen kommen –
Sogar der Gott des Frühlings weiss es nicht.

Bodhidharma

Das imposante Yomei-Tor am Tosho-gu-Schrein in Nikko.

Als ich zurücksah,
war die Welt ertrunken
in Kirschblüten.

Chora

»Godaigo zakura«, der riesige Kirschbaum ist 18 Meter hoch und wurde nach Kaiser Godaigo benannt.

厳島弁財天

Gebt euch Moment für Moment vollkommen hin und hört auf eure innere Stimme.

Shunryu Suzuki

Auf der Insel Miyajima dürfen sich die zahmen Rehe frei bewegen.

Meine Nachbarn hassen mich:
Sie klappern mit ihren Pfannen
in der Winternacht.

Buson

Zwei Sumo-Ringer beim Kochen in der Küche eines Restaurants in Tokyo.

Man braucht bloss vor die Tür zu treten,
so hat man sieben Feinde.

Japanische Spruchweisheit

Das Hotel Fujia in Hakone, einer bergigen Stadt mit vielen Thermalquellen.

Wenn ihr fähig seid zu sitzen, zu erfahren, was Shikantaza ist, dann wird der Sinn eures Lebens völlig anders sein. Ihr werdet frei sein von allem.

Shunryu Suzuki

Besucher betrachten den Steingarten des Ryoan-ji-Tempels in Kyoto.

... Gibt es keine reine Beziehung
zwischen den Völkern dieser Erde?
Nur die Bewegung einzelner Menschen
scheint mir zuverlässig
und wahr.

Takayasu Kuniyo

Sumo-Ringer. Ein einzelner Kampf dauert meist nur einige Sekunden.

Der Geist der Stille ...

Heisse Quellen im Thermalbadeort Beppu.

Literatur

R. Aitken: Zen als Lebenspraxis. München 1995.

Bi-yän-lu: Meister Yüan-wu's Niederschrift von der Smaragdenen Felswand. Übersetzt von W. Gundert u.a. 3 Bände. 1967-77.

Bodhidharmas Lehre des Zen: Frühe chinesische Zen Texte. Zürich 1990.

T. Deshimaru-Roshi: Za-Zen. Die Praxis des Zen. Leimen 1991.

M. S. Diener: Das Lexikon des Zen. Grundbegriffe und Lehrsysteme. München 1996.

K. Graf Dürckheim: Wunderbare Katze und andere Zen-Texte. 1994.

H. Benoit: Die hohe Lehre. Der Zen-Buddhismus als Grundlage psychologischer. Betrachtungen. Aus dem Französischen. 1958.

H. Dumoulin: Zen. Geschichte und Gestalt. Bern 1959.

H. Dumoulin: Der Erleuchtungsweg des Zen im Buddhismus. 1976.

H. Dumoulin: Geschichte des Zen-Buddhismus. 2 Bände. Bern 1985/86.

F. Ehmcke: Der japanisch Tee-Weg. Bewusstseinsschulung und Gesamtkunstwerk. 1991.

H. M. Enomiya-Lassalle: Zen-Buddhismus. 1974.

H. M. Enomiya Lassalle: Zen. Weg zur Erleuchtung. Neuausgabe 1997.

Die drei Pfeiler des Zen. Herausgegeben von P. Kapleau. Aus dem Englischen. 1989.

K. Florenz: Dichtergrüße aus dem Osten. Japanische Dichtungen. Leipzig 1894.

T. N. Hanh: Das Glück, einen Baum zu umarmen. Geschichten von der Kunst des achtsamen Lebens. Aus dem Englischen von Jürgen Manshardt. München 1997.

Haiku. Japanische Dreizeiler. Ausgewählt und aus dem Urtext übersetzt von Jan Ulenbrook. Stuttgart 1995.

Haiku. Japanische Gedichte. Ausgewählt, übersetzt und mit einem Essay herausgegeben von Dietrich Krusche. München 1994.

B.-C. Han: Philosophie des Zen-Buddhismus. Stuttgart 2002.

S. Harada: Der Weg zu Bodhidharma. Frankfurt/M. 2003.

E. Herrigel: Zen in der Kunst des Bogenschießens. Bern 1999.

T. Hoover: Die Kultur des Zen. Aus dem Englischen. 1991.

T. Izutsu: Philosophie des Zen-Buddhismus. Aus dem Englischen. 1995.

T. Kuniyo: Herbstmond und Ruf der Regenpfeifer. Japanische Lyrik aus zwei Jahrtausenden übertragen von Takayasu Kuniyo und Manfred Hausmann mit einem Vorwort des Herausgebers. Zürich 1990.

J. Kurth: Japanische Lyrik aus vierzehn Jahrzehnten. München 1909.

P. Reps (Hrsg.): Ohne Worte - ohne Schweigen: 101 Zen-Geschichten und andere Zen-Texte aus 4 Jahrtausenden. 1989.

K. Sawaki. An Dich. Zen-Sprüche. Aus dem Japanischen von Muho. Frankfurt 2002.

D. T. Suzuki: Leben aus Zen. Eine Einführung in den Zen-Buddhismus. Aus dem Englischen. Bern 1990.

D. T. Suzuki: Die große Befreiung. Einführung in den Zen-Buddhismus. Aus dem Englischen. Bern 1993.

S. Suzuki: Zen-Geist – Anfänger-Geist. Berlin 2002.

N. H. Thich: Schlüssel zum Zen. Der Weg zu einem achtsamen Leben. Aus dem Amerikanischen. 1996.

B. A. Victoria: Zen. Nationalismus und Krieg. Theseus. 1999.

A. Watts: Zen Zen. Die Weisheit des Nichtstuns. Aus dem Amerikanischen von Bettina Trabert. Freiburg 2002

K. Werthmann: Zen und Sinn. Westliche Aneignung, Interpretation und Praxis einer buddhistischen Meditation. 1992.

S. Winter: Zen. Bibliographie nach Sachgebieten. Frankfurt/M. 2003.

G. Wohlfahrt. Zen und Haiku oder Mu in der Kunst HaiKühe zu hüten nebst anderen Texten für Nicht und wieder Nichts. Mit 10 Abbildungen und 18 Kalligraphien. Stuttgart 1997.

Zen-Weisheit. Zusammengestellt von John Baldock. Neuhausen 1996.

Bildnachweis:
Umschlagvorderseite: Der Bambuswald von Arashiyama
Umschlagrückseite: Mädchen auf dem Sichi-go-san Fest

Alle Abbildungen des Umschlags und des Innenteils stammen von dpa Picture-Alliance GmbH, Frankfurt.

pa Picture-Alliance

Produktmanagement: Susanne Caesar
Textlektorat und Zitateauswahl: Rüdiger Dingemann und Renate Lüdde
Layout: Wiebke Hengst, Ostfildern
Repro: Scanner Service, Verona
Umschlaggestaltung: Anna Katavic
unter Verwendung eines Fotos von dpa Picture-Alliance GmbH, Frankfurt
Herstellung:
Bettina Schippel
Printed in Slovenia by
MKT Print, Ljubljana

Alle Angaben dieses Werkes wurden vom Autor sorgfältig recherchiert und auf den aktuellen Stand gebracht sowie vom Verlag geprüft. Für die Richtigkeit der Angaben kann jedoch keine Haftung übernommen werden. Für Hinweise und Anregungen sind wir jederzeit dankbar. Bitte richten Sie diese an:

Bruckmann Verlag
Postfach 80 02 40
D-81602 München
E-Mail: lektorat@bruckmann.de

Die Deutsche Bibliothek – CIP-Einheitsaufnahme:

Ein Titeldatensatz für diese Publikation ist bei Der Deutschen Bibliothek erhältlich.

ISBN 978-3-7654-4603-0